Bienvenidos

Hablemos sobre nuestros adorables amigos, la relación entre los seres humanos y sus queridas mascotas, en particular los perros, ha evolucionado a lo largo de los años. En la actualidad, muchos consideran a sus perros como miembros de la familia, compartiendo con ellos un vínculo profundo y afectuoso. Como resultado, la salud y el bienestar de nuestros fieles compañeros de cuatro patas se han convertido en una prioridad en nuestros hogares. Una parte esencial de mantener a nuestros perros felices y saludables es brindarles una alimentación adecuada y equilibrada.

A lo largo de la historia, la alimentación canina ha experimentado una transformación significativa. Si bien el alimento seco en forma de pienso o croquetas es una opción popular y conveniente, se ha vuelto cada vez más evidente que una dieta fresca y natural puede aportar numerosos beneficios a la salud de nuestros amigos peludos. De manera similar a cómo los humanos no se contentarían con comer un solo tipo de alimento seco durante toda su vida, los perros también se benefician de una variedad de nutrientes y sabores.

La alimentación natural para perros se basa en la idea de proporcionarles alimentos frescos, como proteínas de alta calidad y verduras ricas en nutrientes, para satisfacer sus necesidades nutricionales de manera más completa y sabrosa. Imagina si un ser humano tuviera que subsistir solo con avena a lo largo de su vida; sería monótono y carecería de los nutrientes esenciales que el cuerpo necesita para funcionar de manera óptima. Lo mismo ocurre con los perros; diversificar su dieta con ingredientes frescos les permite disfrutar de una experiencia alimentaria más enriquecedora y saludable.

Sin embargo, en el mundo actual, muchas compañías de alimentos para mascotas se centran en generar ingresos y a menudo descuidan la calidad de los ingredientes que utilizan en sus productos. Esto puede llevar a una falta de variedad y calidad en la dieta de nuestros perros. A menudo, en nuestras propias cocinas y neveras, tenemos acceso a ingredientes frescos y saludables que son ideales para la nutrición canina. Algunas de las proteínas de alta calidad que consumimos, como el pollo, el pavo, el salmón y la carne magra, son igualmente beneficiosas para nuestros amigos de cuatro patas. Del mismo modo, las verduras ricas en vitaminas y minerales, como las zanahorias, los guisantes, las espinacas y los boniatos, pueden ser excelentes adiciones a su dieta.

La idea de preparar comidas frescas para nuestros perros no solo se trata de proporcionarles una nutrición adecuada, sino también de mostrarles amor y cuidado. Cuando invertimos tiempo y esfuerzo en la preparación de alimentos frescos para nuestros perros, estamos demostrando que nos preocupamos por su bienestar y que estamos dispuestos a hacer lo que sea necesario para mantenerlos felices. Alimentar a nuestros perros con ingredientes frescos es una manera de enriquecer sus vidas y fortalecer el vínculo entre nosotros y nuestras mascotas.

La alimentación canina es una parte crucial de la vida de nuestros perros, y es importante que consideremos la calidad y la variedad de los alimentos que les proporcionamos. La dieta natural y fresca, compuesta por proteínas de alta calidad y verduras nutritivas, puede ser una elección sabia para garantizar la salud y la felicidad de nuestros amigos peludos. Al tomar un enfoque más personalizado en la alimentación de nuestros perros, podemos asegurarnos de que reciban una dieta equilibrada y deliciosa que merecen.

Si alguna vez te has sentido inseguro acerca de qué tipos de alimentos son tolerables para los perros y cuáles no, estás en el lugar adecuado. A continuación, te presento un conjunto de 25 recetas fáciles de hacer, ideales para perros de 2 años en adelante, las porciones pueden variar dependiendo de la raza y el peso de tu mascota, teniendo en cuenta la siguiente información:

- **Proteínas:**
  - Razas pequeñas: Se recomienda que alrededor del 20-30% de la ingesta calórica diaria provenga de proteínas para perros de razas pequeñas. Esto puede variar según la edad y nivel de actividad. Los cachorros y perros jóvenes pueden requerir un poco más de proteínas.
  - Razas grandes: Para perros de razas grandes, se suele recomendar un porcentaje ligeramente más bajo, alrededor del 18-25% de la ingesta calórica total en proteínas. Nuevamente, las necesidades individuales pueden variar.

- **Carbohidratos:**
  - Razas pequeñas: Los carbohidratos pueden representar aproximadamente el 30-60% de la ingesta calórica diaria para perros de razas pequeñas, dependiendo de su nivel de actividad. Los carbohidratos son una fuente importante de energía para los perros.
  - Razas grandes: Para perros de razas grandes, los carbohidratos pueden estar en un rango similar, alrededor del 30-60% de las calorías diarias. Las necesidades pueden variar según el nivel de actividad y otros factores.

Estas recetas no solo ofrecen una variedad de sabores y nutrientes, sino que también te permiten participar activamente en el bienestar de tu fiel compañero. Juntos, podemos asegurarnos de que nuestros amigos peludos disfruten de una alimentación fresca y deliciosa que contribuirá a su felicidad y salud a lo largo de los años.

Pollo con verduras

Receta 1

Ingredientes:
200 gramos de pechuga de pollo sin huesos
100 gramos de zanahorias, cortadas en trozos pequeños
100 gramos de guisantes
Caldo de pollo bajo en sodio

Instrucciones: En una cacerola mediana, lleva a ebullición una cantidad adecuada de agua. Agrega las 200 gramos de pechuga de pollo sin huesos a la cacerola. Si lo deseas, puedes incluir partes de piel y cartílago para enriquecer el sabor. Cocina el pollo hasta que esté completamente cocido. Luego, retira el pollo de la cacerola y resérvalo. En la misma agua de cocción, agrega los 100 gramos de zanahorias cortadas en trozos pequeños y los 100 gramos de guisantes.

Cocina las verduras durante aproximadamente 10 minutos, o hasta que estén tiernas. Retira las verduras del agua y déjalas enfriar durante unos minutos. Agrega un poco de caldo de pollo bajo en sodio al gusto para realzar el sabor de la preparación.Finalmente, sirve esta deliciosa mezcla de pechuga de pollo, zanahorias y guisantes en caldo de pollo.

Albóndigas de pavo

Receta 2

Ingredientes:
200 gramos de carne molida de pavo
1/2 taza de avena
100 gramos de espinacas
1 huevo

En un recipiente grande, combina los 200 gramos de carne molida de pavo con 1/2 taza de avena, 100 gramos de espinacas picadas y 1 huevo. Mezcla todos los ingredientes de manera uniforme utilizando tus manos. Asegúrate de que estén completamente incorporados. Con la mezcla, forma pequeñas albóndigas del tamaño deseado. Precalienta el horno a la temperatura recomendada. Coloca las albóndigas en una bandeja para hornear previamente engrasada o forrada con papel pergamino.

Hornea las albóndigas hasta que estén completamente cocidas y doradas, lo que generalmente toma entre 10 y 15 minutos, dependiendo del tamaño. Una vez cocidas, retira las albóndigas del horno y déjalas enfriar durante unos minutos antes de servirlas. Estas albóndigas de pavo con avena y espinacas son una opción saludable y deliciosa para tu mascota. ¡Disfruta viendo cómo tu perro se deleita con este sabroso manjar

Salmón y batata al horno

Receta 3

Ingredientes:
200-250 gramos de filete de salmón
Media batata
100 gramos de brócoli

Precalienta el horno a la temperatura recomendada. En una bandeja para hornear, coloca el filete de salmón, la media batata y los 100 gramos de brócoli. Hornea los ingredientes hasta que estén completamente cocidos, lo que suele llevar entre 20 y 25 minutos, dependiendo del tamaño y la potencia de tu horno. Mientras los ingredientes se hornean, puedes cocinar las batatas en una olla hasta que estén tiernas y puedas triturarlas para hacer un puré.
Una vez que el salmón, las batatas y el brócoli estén cocidos, déjalos enfriar durante unos minutos.

Tritura las batatas cocidas para hacer un puré suave y consistente, Sirve el filete de salmón junto con el puré de batatas y el brócoli cocido.

Carne de res y espinacas

Receta 4

Ingredientes:
200 gramos de carne de res magra
100 gramos Espinacas
100 gramos Zanahorias
1 Yogur natural sin azúcar

En una cacerola grande, hierve 200 gramos de carne de res magra en agua hasta que esté completamente cocida. Luego, permite que la carne se enfríe. Una vez que la carne esté fría, córtala en trozos pequeños. En un tazón, mezcla la carne de res cocida con espinacas picadas y zanahorias también cortadas en trozos pequeños.

Agrega el yogur natural sin azúcar a la mezcla. El yogur proporciona una textura suave y cremosa, además de añadir valor nutricional.
Sirve esta sabrosa preparación para tu perro, asegurándote de que esté a una temperatura segura para su consumo.

Pollo y batata al vapor

Receta 5

Ingredientes:
Media pechuga de pollo
100 gramos de batatas
100 gramos de calabacín

Cocina la media pechuga de pollo al vapor hasta que esté completamente cocida. Esto preserva la jugosidad y los nutrientes del pollo. Mientras el pollo se cocina al vapor, hierve las batatas y el calabacín hasta que estén tiernos. Esto generalmente toma alrededor de 20 minutos. Una vez que el pollo, las batatas y el calabacín estén cocidos, déjalos enfriar durante unos minutos. Corta la pechuga de pollo cocida en trozos pequeños. Sirve los trozos de pechuga de pollo con las batatas y el calabacín cocidos en un plato.

Esta receta sencilla de pechuga de pollo al vapor con batatas y calabacín es una opción saludable y equilibrada para tu mascota. Asegúrate de que la comida esté a una temperatura segura para su consumo y observa cómo disfruta de esta comida casera especialmente preparada para él.

Pastel de carne

con zanahorias

Receta 6

Ingredientes:
200 gramos de carne molida magra
1 huevo
1 zanahoria rallada
100 gramos de avena

Precalienta el horno a la temperatura recomendada. En un tazón grande, combina los 200 gramos de carne molida magra con 1 huevo batido, la zanahoria rallada y los 100 gramos de avena. Mezcla todos los ingredientes hasta que estén bien combinados.

Vierte la mezcla en un molde adecuado para hornear, dándole forma de pastel. Hornea el pastel en el horno precalentado hasta que esté completamente cocido, lo que generalmente toma entre 25 y 30 minutos. El tiempo de cocción puede variar según el tamaño y la potencia de tu horno, así que asegúrate de que el pastel esté bien cocido. Una vez que el pastel esté cocido, retíralo del horno y déjalo enfriar durante unos minutos antes de servir.

Pavo y boniatos en el horno

Receta 7

Ingredientes:
200 gramos de carne molida de pavo
Medio boniato (batata)
1 pimiento rojo

Cocina los 200 gramos de carne molida de pavo sin hueso de una de las siguientes maneras: puedes hornearla, hervirla o cocinarla en una freidora de aire. Asegúrate de que la carne esté completamente cocida antes de continuar. Si estás utilizando una freidora de aire, cocina medio boniato a 190 grados Celsius durante 10 minutos hasta que esté tierno. Si no tienes una freidora de aire, puedes hornear o hervir el boniato hasta que esté cocido. Asa o cocina al vapor un pimiento rojo hasta que esté tierno. Deja que todos los ingredientes se enfríen durante unos minutos. Corta la carne de pavo en trozos pequeños. Combina los trozos de carne de pavo con el boniato y el pimiento rojo cocidos en un tazón. Sirve esta mezcla de manera segura para la temperatura de tu mascota.

Pescado y calabacín al vapor

Receta 8

Ingredientes:
1 filete de pescado blanco (sin espinas)
100 gramos de arroz integral
Medio calabacín

En una sartén, cocina a la plancha el filete de pescado blanco de tu elección. Asegúrate de que no tenga espinas y cocina hasta que esté bien cocido. Puedes usar pescado rosado o cualquier pescado blanco de tu preferencia. Cocina los 100 gramos de arroz integral siguiendo las instrucciones del paquete. Por lo general, esto implica hervir el arroz en agua hasta que esté cocido y tierno. Mientras se cocina el arroz, trocea medio calabacín en trozos pequeños. Una vez que el pescado y el arroz estén cocidos, y el calabacín esté cortado, déjalos enfriar durante unos minutos. Desmenuza el filete de pescado en trozos pequeños.

Combina el pescado desmenuzado, el arroz integral y el calabacín en un tazón.
Sirve esta deliciosa mezcla de manera segura para la temperatura de tu mascota.

Sopa de pollo y verduras

Receta 9

Ingredientes:
Dos muslos de pollo
Dos zanahorias
1/2 taza de guisantes
medio Calabacín
Caldo de pollo bajo en sodio

En una cacerola, cocina los muslos de pollo con zanahorias, guisantes y calabacín en caldo de pollo bajo en sodio. El caldo proporcionará un sabor delicioso y nutritivo a la sopa. Cocina la mezcla a fuego medio hasta que las verduras estén tiernas y el pollo esté completamente cocido. Una vez que la mezcla esté cocida, retira los huesos de los muslos de pollo. Asegúrate de que no queden huesos en la sopa.

Deja que la sopa se enfríe durante unos minutos antes de servirla a tu mascota.

Hamburguesas de pollo y arroz

Receta 10

Ingredientes:
200 gramos de pechuga de pollo, triturada
100 gramos de arroz integral, cocido previamente
100 gramos de espinacas, troceadas
1 huevo (opcional, para unir la mezcla)

En un bol, agrega 200 gramos de pechuga de pollo triturada. Añade 100 gramos de arroz integral previamente cocido al bol. Incorpora 100 gramos de espinacas troceadas a la mezcla. Opcionalmente, puedes agregar un huevo para ayudar a unir la mezcla, lo que facilitará la formación de la hamburguesa.

Mezcla todos los ingredientes con las manos hasta que estén bien combinados. Forma la mezcla en una hamburguesa del tamaño deseado.

Deja enfriar la hamburguesa durante unos minutos antes de servirla a tu mascota.

Albóndigas de pollo y calabaza

Receta 11

Ingredientes:
100 gramos de pechuga de pollo, cocida
100 gramos de calabaza, cocida
2 cucharadas de avena
1 huevo

Precalienta el horno a la temperatura recomendada. En un tazón, mezcla los 100 gramos de pechuga de pollo cocida, los 100 gramos de calabaza cocida, 2 cucharadas de avena y 1 huevo. Asegúrate de que todos los ingredientes estén bien combinados. Con la mezcla, forma pequeñas albóndigas del tamaño deseado y colócalas en una bandeja para hornear previamente engrasada o forrada con papel pergamino.

Hornea las albóndigas en el horno precalentado hasta que estén completamente cocidas y doradas, lo que generalmente toma entre 20 y 25 minutos, dependiendo del tamaño. Una vez cocidas, retira las albóndigas del horno y déjalas enfriar durante unos minutos antes de servirlas a tu mascota.

Sopa de ternera y boniatos

Receta 12

Ingredientes:
200 gramos de carne de ternera magra
Medio boniato (batata)
Medio calabacín
2 tazas de caldo de res bajo en sodio

En una cacerola grande, combina los 200 gramos de carne de ternera magra, medio boniato en trozos, medio calabacín en trozos y 2 tazas de caldo de res bajo en sodio. El caldo añadirá sabor y valor nutricional a la sopa. Cocina la mezcla a fuego medio hasta que la carne de ternera esté bien cocida y las verduras estén tiernas.

Asegúrate de que la carne de ternera esté completamente cocida y segura para el consumo.

Pavo y espinacas al vapor

Receta 13

Ingredientes:
200 gramos de carne molida de pavo (sin huesos ni exceso de grasa)
50 gramos de espinacas
100 gramos de quinua cocida

Cocina los 200 gramos de carne molida de pavo al vapor hasta que esté completamente cocida. Asegúrate de que no haya huesos ni exceso de grasa en la carne. Mientras el pavo se cocina al vapor, cocina los 100 gramos de quinua siguiendo las instrucciones del paquete. Esto generalmente implica hervir la quinua en agua hasta que esté cocida y tierna.

Cocina los 50 gramos de espinacas al vapor hasta que estén tiernas. Una vez que la carne de pavo, la quinua y las espinacas estén cocidas, déjalas enfriar durante unos minutos. Sirve esta mezcla de manera segura para la temperatura de tu mascota.

Pescado y calabaza al horno

Receta 14

Ingredientes:
1 filete de pescado blanco, sin espinas (por ejemplo,
merluza o rosada)
100 gramos de calabaza
100 gramos de brócoli

Precalienta el horno a la temperatura recomendada. En una bandeja para hornear, coloca el filete de pescado blanco sin espinas. Añade los 100 gramos de calabaza y los 100 gramos de brócoli en la misma bandeja alrededor del filete de pescado.

Hornea los ingredientes en el horno precalentado hasta que el pescado esté completamente cocido y los vegetales estén tiernos y dorados, lo que generalmente toma alrededor de 20-25 minutos.

Una vez cocidos, retira los ingredientes del horno y déjalos enfriar durante unos minutos.

Sirve esta deliciosa combinación de pescado, calabaza y brócoli de manera segura para la temperatura de tu mascota.

Ternera y batatas a la parrilla

Receta 15

1 filete de carne de ternera magra
100 gramos de batatas
100 gramos de judías verdes cocidas

Precalienta una parrilla a la temperatura recomendada. Coloca el filete de carne de ternera magra en la parrilla y cocínalo hasta que esté completamente hecho. Asegúrate de que la carne esté cocida de manera segura.

Mientras se cocina el filete, puedes cocinar las batatas de la manera que prefieras, ya sea asándolas en la parrilla o cocinándolas de otra manera hasta que estén tiernas. Cocina las judías verdes al vapor o de la forma que prefieras hasta que estén tiernas.

Una vez que el filete de carne, las batatas y las judías verdes estén cocidos, déjalos enfriar durante unos minutos. Sirve esta deliciosa combinación de carne de ternera magra, batatas y judías verdes de manera segura para la temperatura de tu mascota.

Puré de salmón y guisantes

Receta 16

Ingredientes:
200 gramos de filete de salmón
100 gramos de guisantes
100 gramos de arroz integral, cocido previamente

Cocina los 200 gramos de filete de salmón hasta que esté completamente cocido. Puedes hornearlo, asarlo o cocinarlo a tu elección.

Cocina los 100 gramos de guisantes y los 100 gramos de arroz integral previamente cocido.Una vez cocidos, deja enfriar los ingredientes durante unos minutos. Desmenuza el filete de salmón cocido. En un tazón grande, mezcla el salmón desmenuzado, los guisantes y el arroz integral cocido. Mezcla todo hasta que obtengas un puré uniforme.

Sirve este puré de manera segura para la temperatura de tu mascota.

Ternera y champiñones salteados

Receta 17

Ingredientes:
200 gramos de carne de ternera magra, cortada en cubos
100 gramos de champiñones
Pimientos (opcional, al gusto)
Media taza de arroz integral, previamente cocido

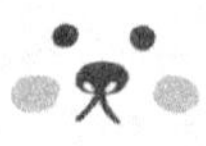

Calienta una sartén grande a fuego medio. Agrega los 200 gramos de carne de ternera cortada en cubos a la sartén y saltea hasta que esté completamente cocida. Asegúrate de que la carne esté cocida de manera segura.

Mientras la carne se cocina, puedes añadir los champiñones y los pimientos, si los estás usando, para saltearlos hasta que estén tiernos. Incorpora la media taza de arroz integral previamente cocido a la sartén y mezcla todo. Cocina durante unos minutos adicionales para que los sabores se combinen.

Deja enfriar la mezcla durante unos minutos antes de servirla a tu mascota.

Sopa de pavo y brócoli

Receta 18

Ingredientes:
200 gramos de carne de pavo molida
100 gramos de brócoli
Calabaza
2 tazas de caldo de pavo bajo en sodio

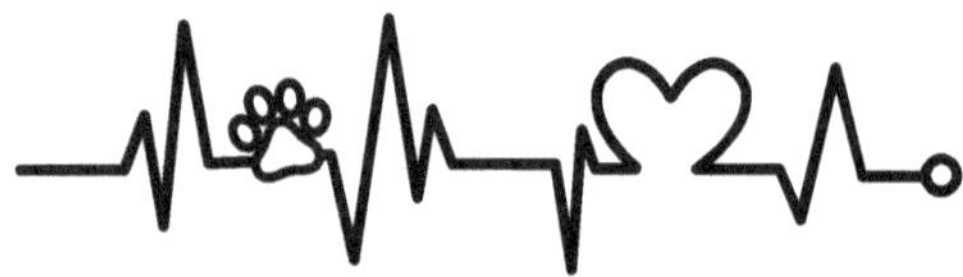

En una cacerola grande, combina los 200 gramos de carne de pavo molida, los 100 gramos de brócoli, la calabaza en trozos y las 2 tazas de caldo de pavo bajo en sodio. El caldo proporcionará un delicioso sabor a la sopa.

Cocina la mezcla a fuego medio hasta que la carne de pavo esté completamente cocida y las verduras estén tiernas.

Asegúrate de que la carne de pavo esté cocida de manera segura.
Deja que la sopa se enfríe durante unos minutos antes de servirla a tu mascota.

Ensalada de pollo y vegetales

Receta 19

Ingredientes:
200 gramos de pollo cocido, desmenuzado
Un puñado de espinacas
Media zanahoria, rallada
Media manzana, en cubos
Yogur natural sin azúcar (opcional, como aderezo)

Cocina y desmenuza 200 gramos de pollo. Asegúrate de que esté completamente cocido y seguro para el consumo.

En un tazón grande, combina el pollo desmenuzado, un puñado de espinacas frescas, media zanahoria rallada y la media manzana en cubos.

Si deseas, puedes aderezar la ensalada con un poco de yogur natural sin azúcar como aderezo. Esto le dará un toque adicional de sabor. Mezcla todos los ingredientes hasta que estén bien combinados. Sirve esta deliciosa ensalada a tu mascota.

Pavo y judías verdes al vapor

Receta 20

Ingredientes:
200 gramos de carne molida de pavo
100 gramos de judías verdes al vapor
1 taza de arroz integral, previamente cocido

En una sartén, coloca los 200 gramos de carne de pavo y cocina hasta que esté completamente cocida. Asegúrate de que la carne de pavo esté cocida de manera segura. Mientras se cocina el pavo, puedes preparar las 100 gramos de judías verdes al vapor.

Cocina 1 taza de arroz integral siguiendo las instrucciones del paquete.
Una vez que el pavo, las judías verdes y el arroz estén listos, mezcla todo en un tazón grande.

Deja enfriar la mezcla durante unos minutos antes de servirla a tu mascota.

Salmón
y patatas dulces en puré

Receta 21

Ingredientes:
1 filete de salmón
una Patata dulce
Medio calabacín, troceado
Media taza de caldo de pescado bajo en sodio

En una olla mediana, cocina el filete de salmón y las patatas dulces hasta que estén tiernos. Puedes hervirlos o cocinarlos de la manera que prefieras. Mientras se cocinan, corta medio calabacín en trozos pequeños.

Una vez que el salmón y las patatas dulces estén listos, colócalos en un tazón grande y agrega el calabacín troceado. Añade media taza de caldo de pescado bajo en sodio al tazón. Mezcla todos los ingredientes hasta obtener un puré uniforme. Deja enfriar el puré durante unos minutos antes de servirlo a tu mascota.

Pollo y queso cottage

Receta 22

Ingredientes:
Media pechuga de pollo cocida y desmenuzada
2 cucharadas de queso cottage bajo en grasa
Un puñado de espinacas

Cocina media pechuga de pollo en trozos pequeños hasta que esté completamente cocida. Asegúrate de que el pollo esté cocido de manera segura.

En un tazón, mezcla la pechuga de pollo cocida y desmenuzada con 2 cucharadas de queso cottage bajo en grasa.

Agrega un puñado de espinacas al tazón y mezcla todo hasta que esté bien combinado.

Sirve este plato sabroso y saludable a tu mascota.

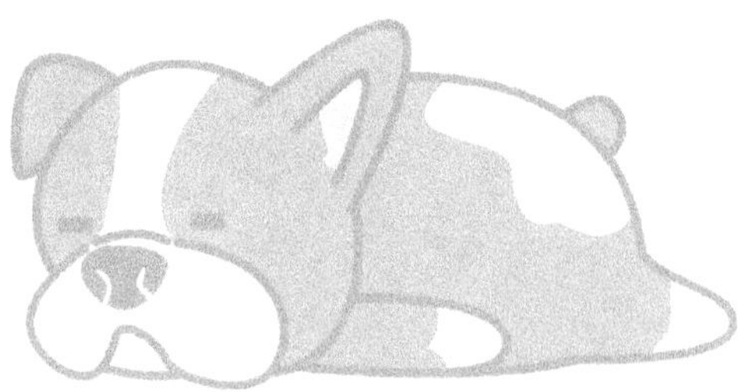

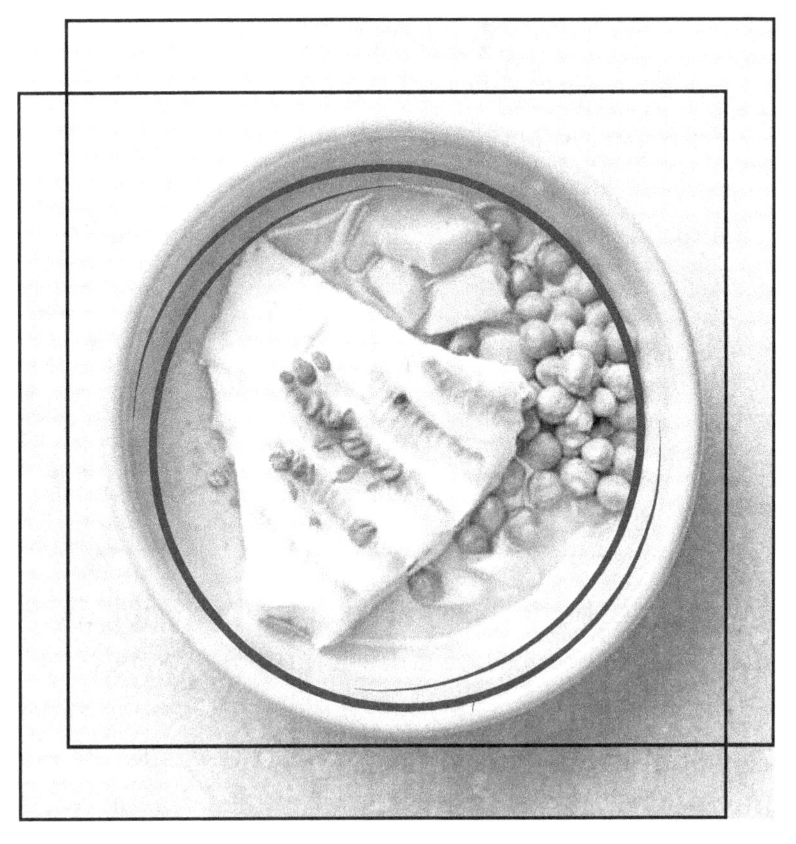

Pescado y puré de calabaza

Receta 23

Ingredientes:
1 filete de pescado blanco, sin espinas
1 taza de calabaza cocida, troceada
Guisantes previamente cocidos
Caldo de pescado bajo en sodio (para dar sabor)

Cocina el filete de pescado blanco, preferiblemente sin espinas, hasta que esté completamente cocido. Puedes hornearlo, asarlo o cocinarlo a tu elección. Cocina 1 taza de calabaza hasta que esté tierna y luego trocéala. Cocina los guisantes de acuerdo a las instrucciones hasta que estén tiernos.

En un tazón grande, mezcla el pescado cocido, la calabaza troceada y los guisantes cocidos.

Agrega un poco de caldo de pescado bajo en sodio para dar sabor al puré y mezcla todo hasta obtener una consistencia uniforme.

Albóndigas de cordero y arroz integral

Receta 24

Ingredientes:
100 gramos de arroz integral, previamente cocido
Un puñado de espinacas
1 huevo

En un tazón grande, mezcla los 200 gramos de carne molida de cordero magra, los 100 gramos de arroz integral previamente cocido, un puñado de espinacas y un huevo.

Mezcla todos los ingredientes hasta que estén bien combinados. Forma pequeñas albóndigas con la mezcla.

Coloca las albóndigas en una bandeja para hornear y hornéalas hasta que estén completamente cocidas.

Deja enfriar las albóndigas durante unos minutos antes de servirlas a tu mascota.

Ensalada de pavo y frutas

Receta 25

Ingredientes:
200 gramos de carne de pavo cocida, desmenuzada
Media taza de piña, en trozos
Media taza de fresas, en rodajas
Un puñado de espinacas

En un tazón grande, mezcla los 200 gramos de carne de pavo cocida y desmenuzada con media taza de piña en trozos, media taza de fresas en rodajas y un puñado de espinacas. Mezcla todos los ingredientes hasta que estén bien combinados. Sirve esta ensalada refrescante a tu mascota.

Esta receta casera de ensalada de carne de pavo con piña, fresas y espinacas es una opción saludable y deliciosa que seguramente complacerá a tu perro. Asegúrate de que la ensalada esté a una temperatura segura para su consumo y observa cómo tu mascota disfruta de esta comida casera especialmente preparada para su deleite.

Además, estas recetas adicionales te brindan aún más opciones para variar la alimentación de tu perro con ingredientes frescos y saludable

Chuches

1. Bolitas de Zanahoria y Manzana:

Ingredientes: Zanahorias, manzanas.

Instrucciones: Ralla zanahorias y manzanas, mézclalas y forma bolitas. Refrigéralas antes de servir.

2. Galletas de Avena y Plátano:

Ingredientes: Avena, plátanos maduros.

Instrucciones: Mezcla avena y plátano, forma galletas y hornea hasta que estén crujientes.

3. Cubitos de Calabaza:

Ingredientes: Calabaza.
Instrucciones: Corta la calabaza en cubos y cocínala al vapor o en el horno hasta que estén tiernos.

4. Bolitas de Pollo y Brócoli:

Ingredientes: Pollo cocido, brócoli.
Instrucciones: Mezcla pollo desmenuzado y brócoli, forma bolitas y refrigéralas.

5. Galletas de Batata y Avena:

Ingredientes: Batatas, avena.
Instrucciones: Cocina y machaca batatas, mezcla con avena, forma galletas y hornea.

6. Palitos de Manzana y Zanahoria:

Ingredientes: Manzanas, zanahorias.
Instrucciones: Corta manzanas y zanahorias en palitos y sírvelos crudos.

7. Cubos de Pavo y Calabacín:

Ingredientes: Pavo cocido, calabacín.
Instrucciones: Mezcla pavo desmenuzado y calabacín cocido, corta en cubos y sirve.

8. Rollitos de Salmón y Espinacas:

Ingredientes: Salmón cocido, espinacas.
Instrucciones: Enrolla espinacas en trozos de salmón cocido y córtalos en rollitos.

9. Bolitas de Pollo y Arroz Integral:

Ingredientes: Pollo cocido, arroz integral.
Instrucciones: Mezcla pollo desmenuzado y arroz integral, forma bolitas y refrigéralas.

10. Trocitos de Pavo y Guisantes:

Ingredientes: Pavo cocido, guisantes.

Instrucciones: Corta el pavo en trozos y mézclalo con guisantes cocidos.

HAPPY BIRTHDAY

Pastel de Cumpleaños para Perros con Carne Picada

Ingredientes:

1 taza de carne picada cocida (pollo, ternera o cordero son buenas opciones)
1/4 de taza de zanahoria rallada
1 huevo
1/4 de taza de avena en hojuelas
1 cucharada de aceite de oliva
1/4 de taza de puré de manzana sin azúcar (como glaseado)
Hueso de galleta para perro (como decoración, opcional)

Instrucciones:

Precalienta el horno a 180°C (350°F) y engrasa un molde pequeño apto para horno o microondas.

En un tazón, mezcla la carne picada cocida, la zanahoria rallada, el huevo, la avena en hojuelas y el aceite de oliva. Asegúrate de que todos los ingredientes estén bien combinados.

Vierte la mezcla en el molde y extiéndela de manera uniforme.

Hornea en el horno precalentado durante aproximadamente 20-25 minutos, o hasta que un palillo insertado en el centro salga limpio. Si estás usando el microondas, cocina a potencia media durante 4-5 minutos.

Deja que el pastel se enfríe por completo.

Una vez que el pastel esté frío, extiende el puré de manzana sin azúcar sobre la parte superior como si fuera el glaseado. Puedes decorar con un hueso de galleta para perro si lo deseas.

¡Sirve a tu perro en su plato de comida especial y disfruten juntos de su día especial!

Pastel de Cumpleaños Vegano para Perros

Ingredientes:

1 taza de batata cocida y triturada
1/4 de taza de manzana rallada
1/4 de taza de zanahoria rallada
1/4 de taza de harina de avena
1/4 de taza de harina de trigo integral
1 cucharada de aceite de coco derretido
1 cucharadita de mantequilla de maní (sin xilitol)
1 cucharadita de levadura en polvo (polvo de hornear)
1/2 taza de puré de manzana sin azúcar (como glaseado)

Instrucciones:

Precalienta el horno a 180°C (350°F) y engrasa un molde pequeño apto para horno o microondas.

En un tazón grande, mezcla la batata cocida y triturada, la manzana rallada, la zanahoria rallada, la harina de avena, la harina de trigo integral, el aceite de coco derretido, la mantequilla de maní y la levadura en polvo. Asegúrate de que todos los ingredientes estén bien mezclados.

Vierte la mezcla en el molde y extiéndela de manera uniforme.

Hornea en el horno precalentado durante aproximadamente 20-25 minutos, o hasta que un palillo insertado en el centro salga limpio. Si estás usando el microondas, cocina a potencia media durante 4-5 minutos.

Deja que el pastel se enfríe por completo.

Una vez que el pastel esté frío, extiende el puré de manzana sin azúcar sobre la parte superior como si fuera el glaseado.

Sirve a tu perro en su plato de comida especial y disfruten juntos de su día especial!

Este pastel de cumpleaños vegano para perros es una opción saludable y deliciosa para celebrar ocasiones especiales sin ingredientes de origen animal. Asegúrate de que los ingredientes sean seguros para tu perro y consulta a tu veterinario si tienes alguna preocupación sobre la dieta de tu mascota.

Consejos

Consulta a tu veterinario: Antes de cambiar la dieta de tu perro o incorporar alimentos frescos, es importante hablar con tu veterinario para asegurarte de que estás proporcionando una dieta equilibrada y segura para tu mascota.

Variedad de ingredientes: Al igual que los humanos, los perros se benefician de una dieta variada. Incorpora una amplia gama de ingredientes frescos, como carnes magras, verduras, frutas y granos enteros.

Proporciones adecuadas: Asegúrate de proporcionar la cantidad adecuada de proteínas, carbohidratos y grasas en la dieta de tu perro. Las proporciones variarán según la edad, tamaño y nivel de actividad de tu mascota.

Cocina adecuada: Cocina los ingredientes de manera segura para evitar cualquier contaminación. Cocina la carne a la temperatura adecuada y asegúrate de que los vegetales estén bien cocidos para facilitar la digestión.

Evita ciertos alimentos: Algunos alimentos son tóxicos para los perros, como el chocolate, las uvas, las cebollas y el ajo. Asegúrate de conocer qué alimentos debes evitar.

Tamaño adecuado: Corta los ingredientes en trozos pequeños para que sean fáciles de comer y digerir para tu perro, especialmente si es un cachorro o tiene dientes sensibles.

Higiene: Lava bien todos los ingredientes antes de su preparación. Mantén una cocina limpia para evitar contaminación cruzada.

Alérgenos: Presta atención a posibles alergias alimentarias en tu perro y ajústate en consecuencia. Puedes introducir nuevos ingredientes de uno en uno para detectar posibles reacciones alérgicas.

Suplementos: Dependiendo de la dieta de tu perro, es posible que necesites agregar suplementos vitamínicos para asegurarte de que esté recibiendo todos los nutrientes necesarios.

Observa a tu perro: Observa a tu perro después de cambiar su dieta para asegurarte de que la está tolerando bien y no muestra signos de malestar.

Alimentos Recomendados Para Perros

Carne magra: Las carnes magras son una fuente excelente de proteínas de alta calidad. La proteína es esencial para la formación y reparación de tejidos, el crecimiento muscular y la salud general. Además, proporciona aminoácidos esenciales que son fundamentales para la función celular.

Verduras: Las verduras como zanahorias, espinacas y brócoli son ricas en vitaminas (como la vitamina A y la vitamina C), minerales y antioxidantes. Estos nutrientes son importantes para el sistema inmunológico, la salud ocular, la digestión y la piel saludable de los perros.

Frutas: Las frutas como manzanas, plátanos y arándanos proporcionan una variedad de nutrientes beneficiosos, incluidas vitaminas y antioxidantes. Además, pueden ser una fuente de fibra, que es importante para la salud digestiva.

Huevos: Los huevos son una fuente completa de proteínas y proporcionan todos los aminoácidos esenciales que los perros necesitan. También son ricos en ácidos grasos saludables y nutrientes como la colina, que es importante para la salud del cerebro.

Avena: La avena es una excelente fuente de carbohidratos de liberación lenta. Proporciona energía sostenible a los perros y es fácil de digerir. También puede ser útil en la dieta de perros con problemas digestivos.

Aceite de coco: El aceite de coco contiene ácidos grasos saludables, como el ácido láurico, que pueden mejorar la salud de la piel y el pelaje de los perros. Además, se ha asociado con propiedades antiinflamatorias y antibacterianas.

Yogur: El yogur sin azúcar y sin lactosa es una fuente de probióticos beneficiosos que promueven la salud intestinal de los perros. También es una fuente de calcio y proteína

Calabaza: La calabaza es rica en fibra, que es beneficiosa para la digestión de los perros. Puede ayudar a aliviar problemas de estreñimiento o diarrea, ya que regula el tránsito intestinal.

Aceite de pescado: El aceite de pescado es rico en ácidos grasos omega-3, como el ácido eicosapentaenoico (EPA) y el ácido docosahexaenoico (DHA). Estos ácidos grasos son beneficiosos para la salud de la piel, el pelaje y las articulaciones, y tienen propiedades antiinflamatorias.

Hígado: El hígado, en pequeñas cantidades, es una excelente fuente de hierro y vitaminas del grupo B, como la vitamina B12. Estos nutrientes son esenciales para la producción de glóbulos rojos y la función celular.

Alimentos cotidianos para humanos dañinos o toxicos para perros

Chocolate: Contiene teobromina y cafeína, que son tóxicas para los perros y pueden causar problemas cardíacos y neurológicos.

Uvas y pasas: Pueden causar insuficiencia renal en los perros, incluso en pequeñas cantidades.

Cebollas y ajo: Contienen sustancias que pueden dañar los glóbulos rojos y provocar anemia en los perros.

Aguacate: La persina, una sustancia presente en el aguacate, puede ser tóxica para los perros y causar problemas gastrointestinales.

Xilitol: Un edulcorante artificial que se encuentra en muchos productos sin azúcar, como chicles y alimentos horneados. Puede causar una liberación excesiva de insulina y llevar a la hipoglucemia en los perros.

Nueces de macadamia: Son altamente tóxicas para los perros y pueden causar debilidad, vómitos y temblores.

Café: La cafeína en el café es peligrosa para los perros y puede causar problemas cardíacos y neurológicos.

Alcohol: Ingerir alcohol puede tener graves efectos en los perros, incluyendo intoxicación y daño hepático.

Huesos cocidos: Los huesos cocidos pueden astillarse y causar obstrucciones, daño en el tracto gastrointestinal o lesiones graves en la boca y garganta de los perros.

Comida alta en sal: El exceso de sal puede provocar intoxicación por sal en los perros, lo que puede ser peligroso para su salud.

Comida chatarra: Alimentos grasos y salados, como papas fritas o comida rápida, pueden causar problemas digestivos y pancreatitis en los perros.

Productos lácteos: Muchos perros son intolerantes a la lactosa, lo que puede provocar diarrea y malestar gastrointestinal.

Cáscara de huevo cocido: Las cáscaras de huevo cocido pueden astillarse en pequeños trozos afilados que podrían dañar el tracto gastrointestinal de los perros.

Cebollas verdes: También conocidas como cebollines, contienen tiosulfato, que es tóxico para los perros.

Alimentos con moho: Alimentos con moho pueden contener micotoxinas dañinas para los perros.

Corolario

Como padre de cuatro adorables perros, siempre he buscado el bienestar de mis mascotas y los considero como más que simples animales de compañía, sino como miembros activos de mi familia. A lo largo de los años, he cometido errores debido a la falta de conocimiento y la información adecuada en el cuidado de mis fieles amigos. Mi objetivo siempre ha sido asegurar que tengan una vida feliz y prolongar su tiempo a nuestro lado. Comprendí que el amor, la dedicación y el tiempo invertidos en mis perros valían la pena, no solo en términos de menos visitas al veterinario, lo que se traducía en un beneficio económico para la familia, sino también en su felicidad y bienestar general.

Estas recetas no solo están diseñadas pensando en los perros, sino que toda la familia puede compartirlas. Esto significa que estamos realizando una tarea que beneficia a todos los miembros de la familia, con la única diferencia siendo la cantidad de sal en la preparación. Si bien en los tiempos modernos, para muchas familias incluir una dieta fresca para sus mascotas puede parecer un gasto adicional, es importante destacar que se pueden encontrar fuentes de proteínas especiales, como mollejas de pollo y hígado, en cualquier supermercado. Además, no es necesario cocinar para sus mascotas todos los días. En mi caso, cocino para toda la familia entre 2 y 3 veces por semana. Agradezco a Dios por la hermosa familia que me ha sido concedida y por la oportunidad de compartir estas recetas que benefician a todos los seres queridos de mi hogar.

Este libro ha sido creado siguiendo los rigurosos pasos y directrices establecidos por la Organización Colegial Veterinaria (OCV) de España. La OCV recomienda encarecidamente una dieta equilibrada y completa para los animales de compañía, reconociendo que la nutrición adecuada desempeña un papel fundamental en la salud y el bienestar de las mascotas.

Esta dieta debe contener los nutrientes esenciales, como proteínas, grasas, carbohidratos, vitaminas y minerales, que son necesarios para mantener la salud del animal y prevenir enfermedades. Los veterinarios, como profesionales altamente capacitados, brindan orientación personalizada a los dueños de animales para adaptar la dieta según la edad, tamaño, raza, estado de salud y nivel de actividad física de la mascota. Además, se enfatiza la importancia de proporcionar acceso constante a agua fresca y limpia para garantizar una nutrición óptima y una vida saludable para las mascotas

www.ingramcontent.com/pod-product-compliance
Lightning Source LLC
Chambersburg PA
CBHW061630130726
47996CB00003B/1215